JUTTA BLÄSIUS

Spielen mit Aktionswannen

entdecken und erforschen

HERDER

FREIBURG · BASEL · WIEN

Hermann-Herder-Str. 4, 79104 Freiburg

www.herder.de

Bei Fragen zur Produktsicherheit:
produktsicherheit@herder.de

Umschlaggestaltung: Sabine Ufer
Umschlagfoto und Fotos im Innenteil: Jutta Bläsius
Satz und Gestaltung: Sabine Ufer

Herstellung: Graspo CZ, Zlín
Printed in the Czech Republic

ISBN 978-3-451-39062-3

Inhalt

Entdecken, erforschen, ausprobieren

Mit allen Sinnen wahrnehmend – so eignen sich Kinder ihre Welt an. Da liegt es nahe, ihnen entsprechende Angebote bereitzustellen, damit sie mit abwechslungsreichen Materialien in Berührung kommen und ihre ganz eigenen Wahrnehmungen und Entdeckungen damit machen können. Aktionswannen leisten hierbei gute Dienste.

Was sind Aktionswannen?

Es sind Wannen, in denen unterschiedliche Materialien in einer großen Fülle bereitliegen, ergänzt von verschiedenen Werkzeugen und/oder anderen Zusatzmaterialien.

Je nach Spielangebot haben die Wannen einen hohen oder einen niedrigeren Rand, jeweils so, dass Kinder die Materialien und die Werkzeuge darin gut handhaben können.

Spielen & lernen

Arbeiten die Kinder das erste Mal mit einer Wanne, werden die Materialien zunächst erfühlt, untersucht, erforscht und im Rahmen der bisher erworbenen Kenntnisse, Fähigkeiten und Fertigkeiten einsortiert.

Im zweiten Schritt bilden sich dann durch die vorgegebene Struktur und Aufgabenstellung der Wanne weitere Erfahrungen und Erkennnisse. Neues wird ausprobiert und bildet wiederum die Basis für unterschiedliche Entdeckungen.

Material in Hülle und Fülle

Spielwannen eignen sich, um den Kindern eine größere Menge an Material zum Hantieren zur Verfügung zu stellen. In diesem Buch stelle ich Ihnen drei Materialgruppen vor:

1. NATURMATERIAL

Ob in Ihrem Außengelände, bei Spaziergängen oder bei Aufenthalten im Wald, überall gibt es zahlreiche und für Kinder sehr spannende Dinge zu entdecken: Kastanien, Eicheln oder Steine – Sie müssen sie nur mit den Kindern einsammeln und in Wannen geben. Ergänzt mit entsprechenden Werkzeugen können dann interessante Spiele beginnen. Einstecken, löffeln, schöpfen oder sieben sind einige der Fertigkeiten, in denen sich die Kinder mit diesen Materialien üben können.

2. HAUSHALTSMATERIAL

Im Haushalt sammeln sich immer wieder Dinge an, mit denen die Kinder sich gerne beschäftigen. Papierreste, aber auch Wäscheklammern, Watte oder Schwämme regen in Aktionswannen zu den unterschiedlichsten Aktivitäten an. Zusatzmaterialien wie kleine Plastikflaschen oder Stoffbeutel und Werkzeuge wie Schere oder Hämmerchen laden die Kinder dazu ein, z. B. die Feinmotorik, die Koordination, ihre Ausdauer oder die Geschicklichkeit zu schulen.

3. SPIELMATERIAL

Baustellenfahrzeuge, Stöcke und Steine oder kleine Waldtiere regen zum Spielen und Gestalten an. Die Kinder können ihrer Fantasie freien Lauf lassen, mit den Materialien bauen, gestalten, kreativ sein.

Insbesondere die in diesem Kapitel vorgestellten Wannen eignen sich, um auch einmal mit einem Partner aktiv zu sein. Die Kinder entscheiden, mit wem sie die Wanne „teilen" möchten.

Flexibel gestaltbar

Spielwannen lassen sich sehr flexibel gestalten. Sie können sie individuell auf Ihre Kinder abstimmen und sie sowohl vom Material her als auch thematisch (z. B. jahreszeitlich oder einem bestimmten aktuellen Gruppenthema entsprechend) den unterschiedlichen Alters- und Entwicklungsstufen anpassen.

Je nach Aufgabenstellung und den zu benutzenden Werkzeugen können die Wannen eine Herausforderung für junge Kinder bieten, oder sie unterstützen ältere Kinder dabei, gerade anstehende Lernerfahrungen zu machen.

Daran sollten Sie denken

- Bevor Sie den Kindern eine Wanne zur Verfügung stellen, sollten Sie sie selbst ausprobieren. So merken Sie sofort, welches Material und welches Werkzeug geeignet ist und welches nicht. Lässt sich die Zange vielleicht mit den kleinen Kinderhänden zu schwer zusammendrücken?
- Verwenden Sie nur Materialien, die ungefährlich für die Kinder sind, die sie z. B. nicht verschlucken oder in Körperöffnungen einstecken können.
- Die Werkzeuge (Zangen, Hammer, Siebe etc.) müssen in einwandfreiem Zustand sein.
- Überprüfen Sie regelmäßig die Wannen und ersetzen Sie alle kaputten Dinge.
- Sind die Aktionswannen so schwer, dass die Kinder sie nicht selbstständig von einem Regal zu einem Tisch tragen können (z. B. Steinwanne, Reiswanne, Sandwanne etc.), suchen Sie einen festen Platz im Raum, wo sie eine Weile stehen bleiben können.

Wannenspiel-Regeln

Aktionswannen üben eine hohe Anziehungskraft auf Kinder aus. Damit sie direkt loslegen und damit spielen können, ist es allerdings wichtig, dass alle wissen, wie sie gehandhabt werden und worauf bei den einzelnen Wannen zu achten ist.

Besprechen Sie mit den Kindern die jeweils wichtigen Regeln, sobald Sie ihnen eine Aktionswanne zur Verfügung stellen.

- Eine Aktionswanne ist zunächst ein Spielangebot für *ein* Kind. Im Alleinspielen kann es seine eigenen Lern- und Lösungsprozesse entdecken und umsetzen. Möchte ein anderes Kind sich am Spiel beteiligen, bedarf es der Zustimmung des Kindes, das sich die Wanne ausgesucht hat.
- Jede Wanne ist mit einer bestimmten Aufgabe verknüpft (z. B. Papierschnipsel zerschneiden, Steine mit einer Bürste reinigen). Die Materialien der einzelnen Wannen sollten daher nicht miteinander oder mit anderen Spielmaterialien vermischt werden.
- Jedes Kind darf sich so lange mit einer Aktionswanne beschäftigen, wie es möchte. Nur so kann es in seinem eigenen Tempo seine nötigen Erfahrungen sammeln.
- Jede Aktionswanne wird am Ende des Spiels wieder in den ursprünglichen Zustand zurückversetzt. So kann das nächste Kind, das damit arbeiten möchte, direkt loslegen.

Aktionswannen mit Naturmaterial

Nicht immer ist es möglich, mit den Kindern hinaus in die Natur zu gehen. Warum also nicht die Natur ins Haus holen?
Mit Aktionswannen ist dies problemlos möglich. Nicht nur Eicheln, Kastanien oder Federn können dabei als Spielgegenstände dienen. Auch Schnee, Sand, Wasser oder Ton bieten den Kindern interessante und vielfältige Möglichkeiten.
In einem anderen Kontext als im Freien und mit zusätzlichen Gegenständen und Werkzeugen können die Kinder damit experimentieren, unterschiedliche Sinneserfahrungen sammeln und Neues entdecken.

Eichel-Wanne

- **Material:** viele Eicheln, Schläuche (Baumarkt) in unterschiedlichen Längen und mit unterschiedlichen Durchmessern, flache Wanne

Vorher …

Achten Sie darauf, dass die Durchmesser der Schläuche groß genug sind, damit die Eicheln durch sie hindurchpassen.

So geht's

Diese Wanne erklärt sich von selbst. Die Kinder wissen direkt, worum es geht. Sie können die Eicheln einzeln durch die Röhren sausen lassen. Oder sie stauen sie in einem Schlauch und lassen sie dann hintereinander in die Wanne fallen.

Das geht auch noch

Neben Eicheln können Sie den Kindern unter Aufsicht weitere Materialien anbieten, die sie durch die Schläuche sausen lassen können, wie z. B. Murmeln, runde Perlen oder kleine Kieselsteine.

Goldsucher-Wanne

- **Material:** Sand, kleine Dekosteine (goldfarbig oder gelb), unterschiedliche Siebe, kleines Eimerchen, Löffel, flache Wanne

Vorher ...

Geben Sie die kleinen Steinchen in den Sand und mischen Sie sie gut unter.

So geht's

Wählen Sie ein beliebiges Sieb aus. Löffeln Sie Sand in das Sieb. Nehmen Sie das Sieb hoch und sieben sie den Sand heraus. Im Sieb bleiben die „Goldstücke" liegen. Geben Sie sie in den kleinen Eimer. Sieben Sie mit einem weiteren Sieb den Sand heraus. Laden Sie dann das Kind dazu ein, tätig zu werden.
Beendet das Kind seine Arbeit, werden alle „Goldstücke" wieder zurück in den Sand gegeben und mit diesem vermischt. So kann das nächste Kind direkt mit dem Spiel beginnen.

Info

Sand sieben ist gar nicht so einfach. Es schult vor allem die Handmotorik und die Auge-Hand-Koordination der Kinder.

Korken-Wanne

- **Material:** Korken, Zange, Eiswürfelbehälter, flache Wanne

Vorher ...

Testen Sie, ob die Korken in die Fächer des Eiswürfelbehälters passen.

So geht's

Nehmen Sie die Zange und zeigen Sie dem Kind, wie es sie schließen und öffnen kann. Greifen Sie dann damit einen Korken und stellen Sie ihn in den Eiswürfelbehälter. Wiederholen Sie dies mit drei bis vier weiteren Korken. Geben Sie die Zange dem Kind, sodass es die Arbeit weiterführen kann. Sind alle Fächer des Eiswürfelbehälters gefüllt, wandern die Korken wieder zurück in die Wanne. Das Kind kann die Arbeit beenden oder eine neue Spielrunde starten.

Info

Mit einer Zange etwas zu greifen ist gerade für junge Kinder eine große Herausforderung. Es erfordert eine gewisse Geschicklichkeit und schult insbesondere die Handmuskulatur und die Auge-Hand-Koordination der Kinder.

Sand-Wanne

- **Material:** Sand, 3–4 Plastikbehälter (z. B. leerer Becher von Frischkäse, Joghurtdrink oder Waschmittelflasche), Löffel, flache Wanne

Vorher …

Bohren Sie Löcher in die Böden der Plastikbehälter. Das geht am einfachsten, indem Sie z. B. einen dicken Nagel über einer Kerze erhitzen und durch das Plastik bohren. Probieren Sie aus, ob der Sand gut durch die Löcher rieseln kann.

So geht's

Nehmen Sie einen Becher. Stellen Sie ihn auf den Sand. Löffeln Sie dann Sand in den Behälter. Heben Sie ihn anschließend hoch und machen Sie das Kind auf den Sand aufmerksam, der nun durch die Löcher nach unten rieselt.
Zeigen Sie dem Kind auch den Behälter von oben. Dort, wo der Sand nach unten rieselt, bilden sich auf der Sandoberfläche kleine Krater.
Lassen Sie das Kind nun mit der Wanne weiterspielen.

Info

Die Arbeit mit dieser Wanne wirkt sehr entspannend, denn es ist beruhigend, dem Sand beim Herunterrieseln zuzuschauen.

Ton-Wanne

- **Material:** Ton, Knetzubehör (z. B. Wellenschneider, Pizzaschneider, Knetrolle), Schälchen, flache Wanne, Plastiktüte

Vorher …
Verteilen Sie den Ton gleichmäßig auf dem Boden der Wanne.

So geht's
Nehmen Sie einen beliebigen Schneider und zeichnen Sie damit ein Muster in den Ton. Machen Sie das Kind auf die Spuren, die der Schneider macht, aufmerksam. Fahren Sie dann mit dem Knetroller über den Ton, sodass die Spuren wieder verschwinden. Laden Sie nun das Kind ein, tätig zu werden.

Tipp
Verpacken Sie die Wanne in eine Plastiktüte, wenn sie längere Zeit nicht benutzt wird. So bleibt der Ton feucht und die Wanne ist jederzeit einsatzbereit.

Classic
Surf

Kleister-Wanne

- **Material:** Bio-Kleister (ist geruchsneutral und ohne reizende Zusatzstoffe!), Wasser, Schneebesen, kleine Kännchen, Löffel, zusätzliches Material (hier Glassteine), feuchtes Tuch, hohe Wanne mit Deckel (verhindert das Austrocknen über Nacht)

Vorher ...

Rühren Sie den Kleister an.

So geht's

Die Arbeit mit der Wanne erklärt sich von selbst. Die Kinder spielen gerne mit den Händen im Kleister. Sie schütten den Kleister mit den Kännchen über die Hände oder zurück in die Wanne. Kleine Gegenstände, mit denen sie spielen können, fühlen sich in der Wanne ganz anders an als sonst. Der Kleister macht sie „flutschig" und das macht Spaß.

Feder-Wanne

- **Material:** Federn (bunt oder Natur), kleine Luftpumpen, Wanne mit hohem Rand

So geht's

Zeigen Sie dem Kind, wie es die Luftpumpe handhaben kann.
Pumpen Sie dann Luft in die Wanne, sodass die Federn umherfliegen.
Laden Sie das Kind ein, die Luftpumpe zu bedienen, und beobachten Sie, ob es funktioniert. Eventuell müssen Sie ihm noch einmal zeigen, wie es geht. Lassen Sie es dann mit den Materialien spielen.
Die Kinder lieben es nicht nur, die Federn aus der Wanne zu pusten. Sie lassen sie auch gerne über den Boden tanzen.

Wasser-Sand-Wanne

- **Material:** Gläser, Kannen, Löffel u. Ä.; Sand; Wasser; Wanne mit hohem Rand

Vorher ...

Geben Sie den Sand in die Wanne. Schütten Sie dann das Wasser darauf.

So geht's

Lassen Sie das Kind mit dem Sand und dem Wasser experimentieren. Es kann z. B. mit dem Löffel Sand in ein Glas löffeln und dann Wasser daraufgeben. Im Glas sieht es dann sehr deutlich, wie sich der Sand absetzt und das Wasser oben bleibt.

Reis-Wanne

- **Material:** Reis, Löffel, 4 kleine Plastik-Trinkflaschen mit Deckel, Trichter, hohe Wanne

So geht's

Nehmen Sie eine Flasche. Stecken Sie den Trichter in die Öffnung. Nehmen Sie den Löffel und löffeln Sie Reis in die Flasche, bis sie fast gefüllt ist. Drehen Sie den Verschluss auf die Flasche. Schütteln Sie sie und machen Sie das Kind darauf aufmerksam, dass dabei ein leises Geräusch entsteht. Füllen Sie anschließend eine zweite Flasche mit etwas mehr Reis. Verschließen Sie sie und schütteln Sie sie. Machen Sie das Kind darauf aufmerksam, wie laut sich diese Flasche im Vergleich zur ersten anhört.

Laden Sie das Kind nun ein, die beiden restlichen Flaschen ebenfalls mit Reis zu füllen, zu verschließen und dann zu schütteln.

Das Kind kann die Arbeit nun beenden und die Flaschen wieder leeren, oder es spielt weiter damit.

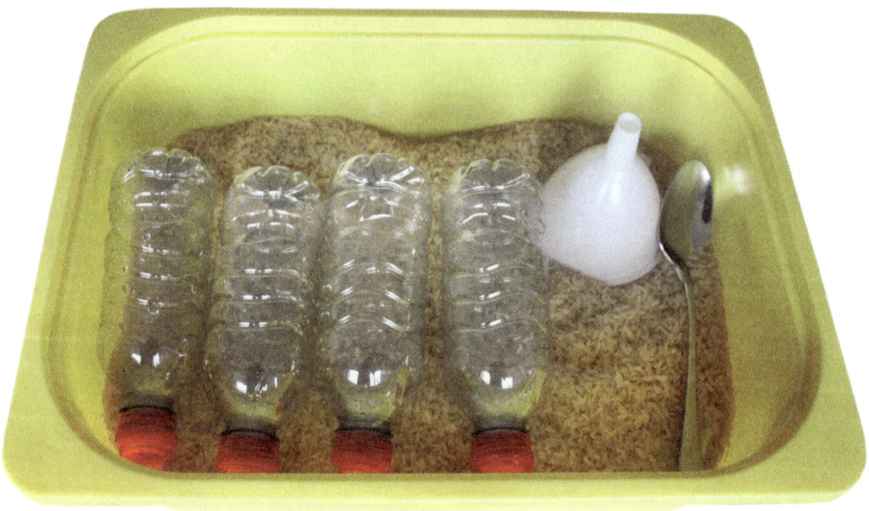

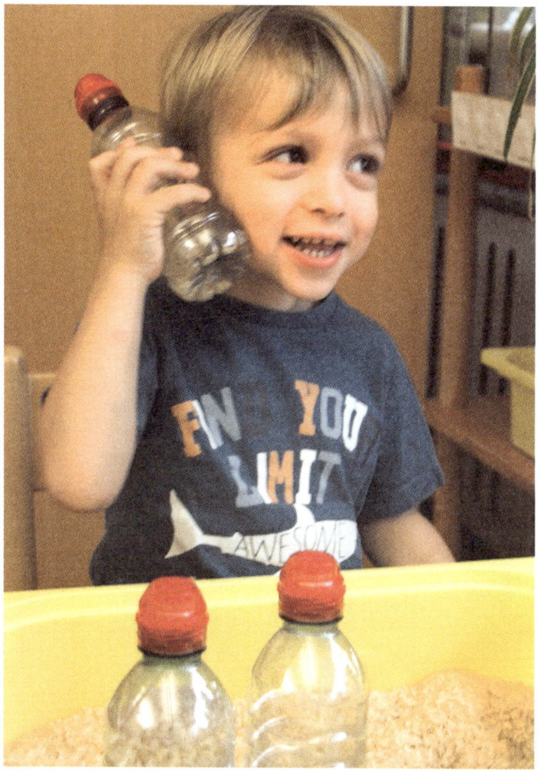

Bohnen-Wanne

- **Material:** Saubohnen, 2–3 unterschiedliche Schöpfkellen, 3–4 Schalen, Wanne mit hohem Rand

So geht's

Stellen Sie den Kindern die Wanne am besten auf einem Teppich zur Verfügung. Sie bedarf keiner Einführung, denn die Kinder wissen sofort, worum es geht.
Sie spielen mit dieser Wanne auch gerne gemeinsam mit anderen Kindern.
Und da macht es nicht nur Spaß, mit den Kellen die Bohnen in die Schalen zu füllen: Sie mit den Füßen zu spüren ist ebenfalls eine sehr interessante Erfahrung.

Tipp

Tauschen Sie die Kellen und die Gefäße von Zeit zu Zeit aus. Ersetzen Sie z. B. flache Schalen durch hohe oder solche aus Pappe durch Metall, Glas oder Plastik. Dadurch entstehen beim Befüllen immer wieder andere Geräusche.

Steine-Wanne

- **Material:** unterschiedliche Steine, 2–3 Bürsten (Nagelbürste, Zahnbürste, Gemüsebürste, Spülbürste etc.), Schälchen, Wanne

Vorher ...

Sammeln Sie mit den Kindern die Steine z. B. bei einem Spaziergang im Wald, im Park, auf dem Feld oder im Außengelände der Einrichtung.
Suchen Sie einen Platz im Raum, an dem die Wanne stehen bleiben kann. Durch die Steine ist sie recht schwer, sodass die Kinder sie nicht allein tragen können.

So geht's

Nehmen Sie einen Stein und zeigen Sie dem Kind, wie es ihn mit einer Bürste reinigen kann. Legen Sie den Stein zurück in die Wanne und lassen Sie das Kind tätig werden.

Aktionswannen mit Alltagsmaterial

Egal ob im privaten Haushalt oder in der Kita – es gibt viele Materialien, die im Alltag benutzt werden und die sich hervorragend als Spielmaterial für die Kinder eignen. Im Spiel mit Aktionswannen erleben sie Gummibänder, Wäscheklammern, große und kleine Dosen, Papierschnipsel oder Nudeln in bisher unbekannten Zusammenhängen. Das sorgt für neue Erfahrungen, es ermöglicht neue Erkenntnisse und erweitert die Handlungsmöglichkeiten der Kinder.

Die in diesem Kapitel vorgestellten Materialien sind nur eine kleine Auswahl von dem, was möglich ist. Durchstöbern Sie einmal Ihr Wohn- oder Arbeitsumfeld. Sie werden viele weitere Gegenstände finden, mit denen sich kreative Aktionswannen für und mit den Kinder gestalten lassen.

Gummibänder-Wanne

- **Material:** viele Gummibänder in unterschiedlichen Farben und Größen, Rollen/Röhren mit unterschiedlichen Durchmessern und aus unterschiedlichen Materialien, flache Wanne

So geht's

Suchen Sie eine Rolle/Röhre aus und legen Sie sie vor sich. Nehmen Sie ein Gummiband, das über die Rolle/Röhre passt und ziehen Sie es darüber. Tun Sie dies langsam und mit deutlichen Bewegungen. Wiederholen Sie die Aktion. Geben Sie die Rolle/Röhre nun dem Kind. Bitten Sie es, ein passendes Gummiband auszusuchen und ebenfalls an der Rolle/Röhre zu befestigen. Gelingt es dem Kind, kann es allein weiterarbeiten. Hat es Probleme damit, das Gummiband über die Rolle/Röhre zu ziehen, zeigen Sie ihm noch einmal, wie es geht.

Das geht auch noch

Die Kinder sortieren gerne die Gummibänder nach Größe oder nach Farben. Und besonderen Spaß macht es natürlich, sie über die Finger zu ziehen.

Nudel-Wanne

- **Material:** Nudeln, kleiner Hammer (z. B. vom Hämmerchenspiel), Schneidebrettchen, Schutzbrille, flache Wanne

Vorher ...

Legen Sie das Brettchen in die Wanne. Es dient als Unterlage zum Hämmern. Prüfen Sie, ob die Nudeln sich gut mit dem Hammer zerkleinern lassen. Nicht jede Sorte eignet sich dazu! Geben Sie so viele Nudeln in die Wanne, dass zumindest der Boden bedeckt ist.

So geht's

Nehmen Sie den Hammer. Legen Sie eine Nudel auf das Schneidebrettchen. Schlagen Sie mit dem Hammer auf die Nudel, bis sie auseinanderbricht.
Weisen Sie das Kind darauf hin, auf seine Finger achtzugeben, falls es die Nudel vor dem Hämmern festhält. Ist die Nudel zerkleinert, kann das Kind eine neue nehmen und die Arbeit weiterführen.
Die gehämmerten Nudeln bleiben in der Wanne. Die Kinder können sie immer weiter zerkleinern.

Info

Die Schutzbrille ist unbedingt erforderlich, da kleine Nudelstücke beim Zerschlagen mit dem Hammer in die Augen der Kinder springen könnten.

Tipp

Verwenden Sie unterschiedliche Nudelsorten. Das bringt Abwechslung ins Spiel.

Classic
Surf

Schnipsel-Wanne

- **Material:** Papierschnipsel aus dem Schredder, 8–10 kleine weiße Gegenstände (z. B. Murmel, Knopf, Strohhalm, Feder etc.), Körbchen, Wanne

So geht's

Nehmen Sie die Materialien aus dem Körbchen und legen Sie sie in die Wanne. Mischen Sie sie unter die Schnipsel. Dann bitten Sie das Kind, die Gegenstände wieder herauszusuchen. Das ist gar nicht so einfach, da alle so weiß wie die meisten der Papierschnipsel sind. Jedes gefundene Teil kommt zurück in das Körbchen.
Sind alle Materialien gefunden, kann das Kind die Arbeit wiederholen oder die Wanne zurück an ihren Platz bringen.

Tipp

Tauschen Sie von Zeit zu Zeit die Gegenstände aus. Dann ist das Spiel immer wieder abwechslungsreich und interessant für die Kinder.

Schwamm-Wanne

- **Material:** viele unterschiedliche Schwämme, Wasser, kleines Handtuch, wasserfestes Schälchen, hohe Wanne

So geht's

Geben Sie die Schwämme in die Wanne. Greifen Sie einen Schwamm heraus und zeigen Sie dem Kind, wie Sie das Wasser aus dem Schwamm drücken. Legen Sie den Schwamm zurück ins Wasser oder in das wasserfeste Schälchen. Wiederholen Sie eventuell das Ausdrücken des Wassers mit einem anderen Schwamm. Lassen Sie dann das Kind tätig werden.

Info

Diese Übung schult die Handmuskulatur der Kinder. Machen Sie sie daher darauf aufmerksam, die Schwämme auch einmal mit der nicht dominanten Hand auszudrücken.

Das geht auch ...

Geben Sie etwas Spülmittel ins Wasser. Drücken die Kinder die Schwämme aus, bildet sich Schaum, und es entsteht eine völlig neue Wahrnehmung (sowohl optisch als auch taktil).

Wäscheklammer-Wanne

- **Material:** viele unterschiedliche Wäscheklammern, selbst hergestellte Vorlagen, Laminiergerät mit Folien, flache Wanne

Vorher ...

Stellen Sie unterschiedliche Vorlagen her (z. B. Sonne, Blume, Dinosaurier, Igel, Tausendfüßler). Laminieren Sie sie, damit sie lange halten. Legen Sie die Vorlagen zu den Wäscheklammern in die Wanne.
Probieren Sie die unterschiedlichen Wäscheklammern aus und prüfen Sie, ob die Kinder sie öffnen können.

So geht's

Zeigen Sie dem Kind, wie die Wäscheklammern geöffnet und geschlossen werden.
Das Kind kann sich dann eine oder mehrere Vorlagen aussuchen und Klammern daran befestigen.
Ist die Arbeit beendet, löst es die Wäscheklammern wieder von den Vorlagen, sodass ein anderes Kind mit der Aktionswanne spielen kann.

Info

Beim Öffnen und Schließen der Wäscheklammern schulen die Kinder insbesondere ihre Auge-Hand-Koordination, die Feinmotorik, die Fingermuskulatur und die Kraftdosierung.

Verschlusskappen-Wanne

• **Material:** viele Plastikdeckel in unterschiedlichen Farben und Größen, großer Nagel, brennende Kerze, Nylonschnur (z. B. Scoubidou-Bänder), Wanne

Vorher ...

Erhitzen Sie den Nagel über der Flamme der Kerze und stechen Sie dann mit dem Nagel Löcher in die Mitte einiger Deckel. Zum Auffädeln eignet sich z. B. eine dünne Nylonschnur, die am Ende verknotet wird.

So geht's

Das Kind kann die Deckel auf der Schnur auffädeln wie eine Perlenkette.
Ist die Arbeit beendet, werden alle Deckel wieder von der Schnur gezogen, sodass das nächste Kind tätig werden kann.

Das geht auch noch ...

Die Kinder lieben es auch, mit den Deckeln Geräusche zu erzeugen, sie nach unterschiedlichen Kriterien zu sortieren oder Muster und Bilder damit zu legen.

Info

Es kommt schnell ein großer Fundus an Deckeln zusammen, denn Kolleginnen, Eltern, Freunde und Bekannte sammeln gerne für die Kinder.

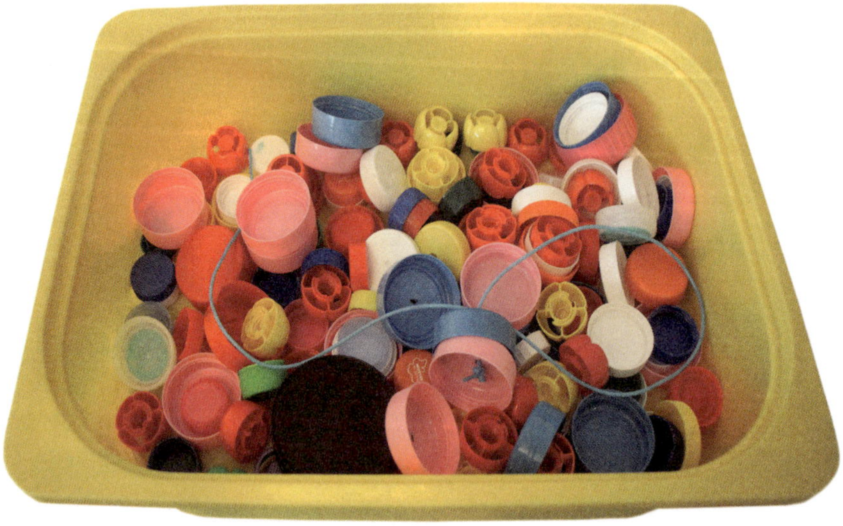

Watte-Wanne

- **Material:** Watte (farbige und weiße), 3–4 kleine Beutel aus unterschiedlichen Stoffen (z. B. Baumwolle, Gaze, Seide), Wanne

So geht's

Zeigen Sie dem Kind die unterschiedlichen Beutel. Wählen Sie einen Beutel aus und füllen Sie ihn mit Watte. Zeigen Sie dem Kind dann, wie der Beutel verschlossen wird. Wiederholen Sie dies mit weiteren Säckchen, falls diese eine andere Verschlusstechnik haben. Leeren Sie die Beutel wieder und lassen Sie das Kind nun weiterspielen.

Info

Hier geht es auch ein wenig um Physik, nämlich um Volumen. Die Kinder sind immer wieder erstaunt, wie viel Watte in einen Beutel passt.

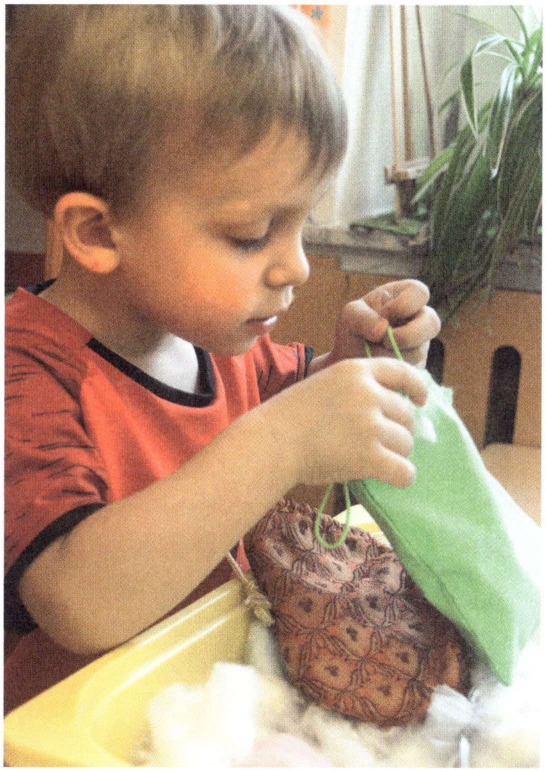

Spüli-Wanne

- **Material:** Wasser, Spülmittel, 2–3 Schläuche und Strohhalme mit unterschiedlichem Durchmesser, wasserfestes Schälchen, kleines Tuch, hohe Wanne

Vorher …

Füllen Sie das Wasser in die Wanne und geben Sie Spülmittel hinzu.

So geht's

Nehmen Sie einen beliebigen Schlauch. Halten Sie ihn ins Wasser und pusten Sie hinein, sodass sich Schaum bildet. Legen Sie den Schlauch zur Seite. Bitten Sie das Kind, einen Schlauch auszusuchen und hineinzupusten. Klappt es, lassen Sie das Kind allein weiterarbeiten.
Weisen Sie es darauf hin, am Ende der Arbeit die benutzten Schläuche/Strohhalme wegzuräumen. Reinigen Sie sie, bevor sie wieder von dem nächsten Kind benutzt werden.

Tipp

Geben Sie etwas Lebensmittelfarbe ins Wasser. Dann entstehen wunderschöne farbige Schaumberge.

Aktionswannen zum

Spielen und Gestalten

Spielen und Gestalten sind Tätigkeiten, mit denen Kinder die Welt entdecken. Sie ermöglichen dem Kind, sich selbst als wirksamen Gestalter und kreativen „Baumeister“ zu erleben.
Je vielfältiger die Materialien sind, die die Kinder dazu nutzen können, umso mehr wird ihre Fantasie und Kreativität angeregt.
Stöcke, Steine, Autos, Rollen etc. laden in den nun folgenden Aktionswannen die Kinder dazu ein, in Einzelbeschäftigung oder im Spiel mit einem anderen Kind aktiv zu werden und eigene Ideen mit den Materialien spielerisch umzusetzen.

Erde-Stöcke-Steine-Zapfen-Wanne

- **Material:** Erde, Stöcke, Steine, Zapfen, Schälchen, Wanne

Vorher ...

Die Wanne mit Erde befüllen. Naturmaterialien in einem Schälchen bereitstellen.

So geht's

Mit dieser Wanne können die Kinder ihrer Fantasie freien Lauf lassen. Sie können alle Materialien oder nur bestimmte nutzen, damit spielen, bauen, gestalten.
Am Ende werden alle Materialien wieder zurück in das Schälchen geräumt und das nächste Kind kann damit arbeiten.

Baustellen-Wanne

- **Material:** kleine Spielzeug-Baustellenfahrzeuge, Erde, Steine, kleine Stöcke, kleine Spielzeugfiguren (z. B. von Duplo), flache Wanne

So geht's

Die Kinder brauchen keine Anleitung, um mit der Wanne zu arbeiten. Sie können sie nach eigenen Spielideen nutzen, z. B. die Erde mit den Fahrzeugen von A nach B transportieren, die Stöcke und Steine aufladen und mit den Materialien spielen.

Tipp

Tauschen Sie von Zeit zu Zeit die Materialien aus, mit denen die Kinder spielen können. Anstelle der Steine und Stöcke können Sie z. B. weitere Naturmaterialien wie Zapfen, Kastanien, Eicheln, Schieferplatten etc. in die Wanne geben. Das bringt Abwechslung ins Spiel und sorgt für neue Spielimpulse.

Massage-Wanne

- **Material:** unterschiedliche Materialien zum Massieren (z. B. verschiedene Igelbälle, Massageroller, Pinsel etc.), Wanne

So geht's

Zeigen Sie dem Kind, wie es die einzelnen Materialien nutzen kann, um sich damit zu massieren. Laden Sie es dazu ein, sie an unterschiedlichen Körperteilen auszuprobieren.

Besonderen Spaß macht es, mit einem anderen Kind die verschiedenen Massagegeräte auszuprobieren. Weisen Sie die Kinder darauf hin, stets behutsam vorzugehen und immer wieder nachzufragen, ob die Massage okay ist.

Info

Kleine Massagen fördern die Selbstwahrnehmung, stimulieren die Haut und machen einfach Spaß.

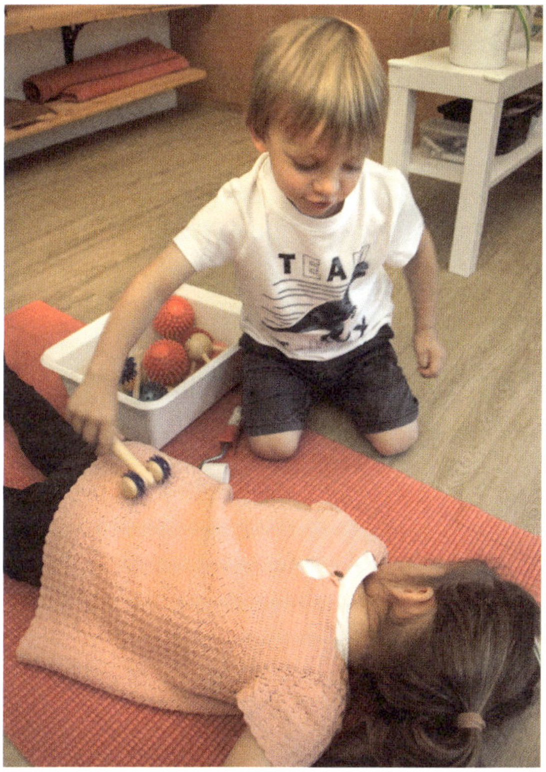

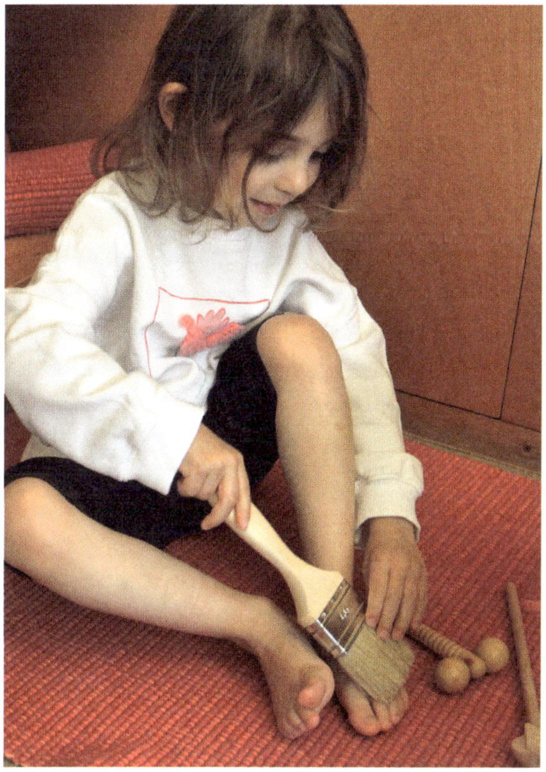

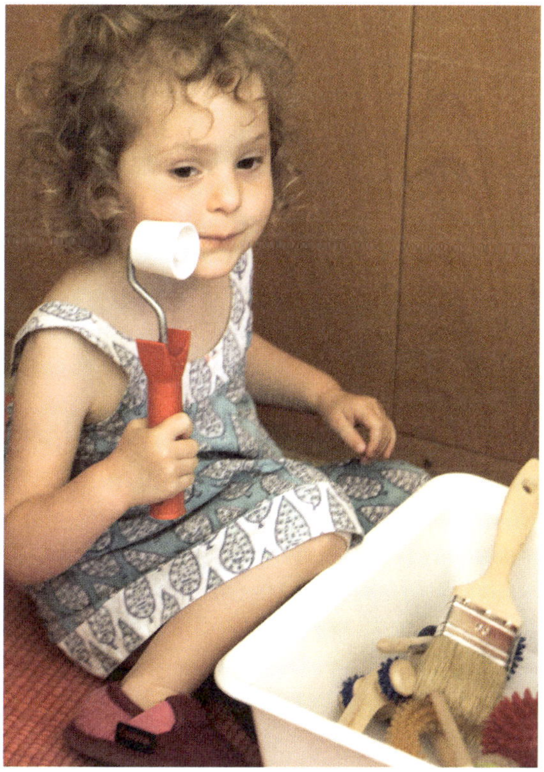

Sandbäckerei-Wanne

- **Material:** Sand, Wasser, 4–6 Backförmchen, Schälchen, flache Wanne

Vorher ...

Füllen Sie den Sand in die Wanne. Feuchten Sie ihn etwas an, sodass er eine festere Konsistenz bekommt. Streichen Sie den Sand glatt.

So geht's

Nehmen Sie ein beliebiges Förmchen. Machen Sie das Kind auf die beiden unterschiedlichen Seiten aufmerksam. Zeigen Sie ihm die Seite, die in den Sand kommt. Stechen Sie das Förmchen in den Sand und nehmen Sie es vorsichtig wieder heraus. Wiederholen Sie dies mit einem weiteren Förmchen. Lassen Sie dann das Kind tätig werden.
Manche Kinder gehen sehr planvoll ans Ausstechen heran, bilden sogar Reihen, Muster oder Bilder dabei.

Pflanz-Wanne

- **Material:** Bio-Blumenerde, 4–5 Kunststoff- oder Seidenblumen, 4–5 Blumentöpfe in unterschiedlichen Größen, kleines Handtuch, Tablett, Wanne mit hohem Rand

Vorher ...

Legen Sie alle Materialien auf einem flachen Tablett bereit. Am einfachsten ist es, wenn das Tablett von der Größe her auf die Wanne passt. So kann das Kind sie leicht transportieren.

So geht's

Nehmen Sie einen Blumentopf. Füllen Sie Erde bis zum Rand hinein und drücken Sie sie fest. Nehmen Sie eine beliebige Blume und stecken Sie sie in die Mitte des Topfs. Drücken Sie die Erde um den Blumenstiel herum erneut fest. Stellen Sie den Blumentopf zur Seite. Laden Sie nun das Kind dazu ein, tätig zu werden.

Es kann in jeden Topf eine Blume „pflanzen“ oder auch mehrere in einen größeren Topf setzten.

Am Ende werden wieder alle Blumen aus den Töpfen gezogen und zurück aufs Tablett gelegt. Die Erde wandert wieder in die Wanne.

Angel-Wanne

- **Material:** Fische und Angel (z. B. aus einem Angel-Spiel), 6–8 magnetische Gegenstände (z. B. Büroklammer, kleiner Schlüssel, Haarspängchen), Schälchen, blaues Tonpapier, Wanne

Vorher …

Schneiden Sie das Tonpapier in der Größe der Wanne zu. Legen Sie es auf den Boden. Es symbolisiert das Wasser.

So geht's

Verteilen Sie die Fische und die magnetischen Gegenstände in der Wanne. Sprechen Sie mit dem Kind darüber, dass in dem Wasser, in dem die Fische leben, Dinge sind, die nicht hineingehören. Die wollen wir herausfischen. Die Fische sollen nach Möglichkeit nicht an der Angel landen.

Nehmen Sie die Angel und angeln Sie damit einen der Gegenstände. Legen Sie ihn in das Schälchen. Geben Sie dem Kind die Angel und lassen Sie es weiterarbeiten.

Angelt es aus Versehen einen Fisch, wird er sofort wieder zurück ins Wasser gelegt.

Sind alle Gegenstände, die nicht ins Wasser gehören, entfernt, ist das Spiel beendet. Das Kind legt auch die Fische in das Schälchen und bringt die Wanne zurück ins Regal. Oder es wiederholt die Übung.

Info

Es erfordert eine Menge Fingerspitzengefühl und Koordination, um die Angel so zu halten, dass der Magnet nur die Gegenstände anzieht, die nicht in die Wanne gehören.

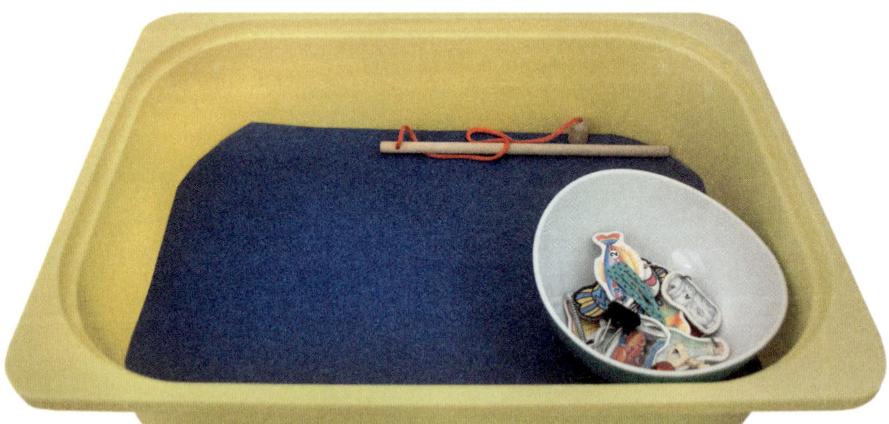

Themen-Wanne Wald

• **Material:** Erde, Moos, Steine, Äste, Zapfen, Rinde, Waldtiere (z. B. Rehe, Wildschwein, Hase, Eichhörnchen, Fuchs etc. von Schleich), flache Schale/Tablett, flache Wanne

Vorher ...

Bereiten Sie die Wanne vor. Füllen Sie sie mit Erde und Moos. Legen Sie die weiteren Materialien auf das Tablett.

So geht's

Zeigen Sie dem Kind, wie es mit den zusätzlichen Materialien eine Waldlandschaft gestalten kann. Laden Sie es dann dazu ein, mit den Tieren darin zu spielen.
Beendet das Kind die Arbeit, legt es die Materialien wieder zurück aufs Tablett. So kann das nächste Kind sich wieder seine ganz eigene Waldlandschaft gestalten.

Das geht auch noch ...

Tauschen Sie die Materialien von Zeit zu Zeit aus. Bieten Sie den Kindern weitere Themenfelder an, wie z. B. Piraten, Prinzessin oder Indianer.